Tétouan

lieben lernen

*Der perfekte Reiseführer für einen unvergessli-
chen Aufenthalt in Tétouan inkl. Insider-Tipps
und Packliste*

Denise Eichstädt

✈ INHALT

Eine Reise in die Stadt der Augen

Hat nicht jeder schon einmal von einer Reise geträumt, die den Horizont erweitert und völlig andere Lebensformen und Lebensgeschichten offenbart? Eine Reise, die den Sinnen die Aufgabe stellt, sich völlig neu zu orientieren und die gewohnten Reize für einen Moment zu vergessen?

Lernen Sie in diesem Buch die Gerüche, Gassen, Geschichten und Gesänge im Norden Marokkos kennen. Bereisen Sie gedanklich die schöne Stadt

Tétouan. Sie erfahren alles über die Marktplätze und die Medina mit ihren verschiedenen Souks (Märkten), die Menschen und die bei ihnen vorherrschende Mentalität, die würzigen und lieblich süßen Gerichte, die schönen Monumente und Sehenswürdigkeiten. Sie werden lernen, was Tétouan von anderen marokkanischen Städten unterscheidet und warum es während einer Marokko-Rundreise nicht ausgelassen werden darf.

Warum es sogar als Startpunkt bestens geeignet ist, um verschiedenste Impressionen zu erhalten und sich auf eine tiefergehende Reise einzulassen und einzutauchen. Sie werden mit diesem Reiseführer nicht nur Informationen an die Hand bekommen, kleine Anekdoten bringen Ihnen das Leben der Menschen näher und laden auf ein Glas Tee und eine mentale Erkundungsreise ein. Lassen Sie sich darauf ein und lernen Sie, was die Stadt im Norden Marokkos alles zu erzählen hat.

An dieser Stelle wird das erste Rätsel um die Stadt aufgedeckt. Im Mazighischen bedeutet Tétouan (genauer Tittawin) Augen. Richten Sie Ihren Blick im nächsten Kapitel in einer kurzen Zeitreise darauf, wie die Rifkabylen (oft auch bekannt als

Berber), Araber, ehemalige Kolonialmächte, religi-
öse Mehr- und Minderheiten die Stadt zu dem geprägt haben, was sie heute ist. Beginnen Sie die Reise
in die Stadt der Augen.

Tétouan, damals und heute

In diesem Kapitel erfahren Sie etwas über die Geschichte, die von den Mauern, den Toren und den Wänden der Stadt widerhallt. Sie erfahren, wodurch die Stadt in ihrer Selbstwahrnehmung bis heute geprägt ist. Zudem erfahren Sie, warum die Stadt zu einer der vielfältigsten des Landes zählt.

Wer durch die Gassen und Straßen Tétouans schlendert, wird viele Gegensätze kennen und schätzen lernen. Moderne Bauten stehen neben alten andalusisch mediterranen Häusern oder orientalischen Geschäften mit kleinen, von Hand bemalten, Dachkacheln. Grundsätzlich gibt es in Tétouan vergleichsweise jedoch auch viele Gebäude, die in einem einfachen Weiß gehalten sind. Kalkweiße Häuser, die sich entlang der Küste erstrecken, wie auf einem Plateau liegend (der Hang wird auch Jebel Dersa genannt) und der Stadt deshalb den Namen „weiße Taube" eingebracht haben. Es gibt eine Reihe von Begriffen und Bedeutungen für den Namen. Ein weiterer wäre in der imazighischen Sprache (Berbersprache) „Die Quellen" (Quelle: marokko-urlaub.com).

Aus allen Ecken spricht die Vergangenheit der Stadt. Besonders geprägt ist die Stadt noch durch Bauten aus der Kolonialzeit. Mehr als das ist jedoch vom spanischen Protektorat nicht übrig geblieben. Einige spanische Begriffe finden sich noch im Sprachgebrauch der Rifkabylen wieder. Stärker ist Marokko generell jedoch noch von französischen Einflüssen und der Sprache geprägt. Sowohl amtlich als auch im alltäglichen Gebrauch tritt die Sprache häufig in Erscheinung. Daher sind Kenntnisse in Französisch für Touristen immer gut und zu empfehlen. Mit der Vergangenheit ist Tétouan auch in wirtschaftlicher und kultureller Hinsicht verbunden. Das Handwerk und der Handel bestimmen nach wie vor in ganz Marokko noch einen entscheidenden Teil der Wirtschaft.

Daher gibt es in Tétouan Gerberviertel, in denen häufig Kamelleder und Kuhleder gegerbt werden. Daraus entstehen in der weiteren Verarbeitung Geldbeutel, Schuhe, Sitzhocker und Taschen. Aber Moderne und Vergangenheit vermischen sich in Tétouan. Die Medina (auch als Altstadt oder Zentrum der Stadt zu übersetzen) ist eine der letzten Städte, die noch den historisch typischen Aufbau eines Stadtzentrums in einem arabisch islamisch geprägten Land aufweist. Daher wundert es nicht, dass diese von der UNESCO als Weltkulturerbe deklariert wurde.

Wer sich für die Zeitgeschichte Tétouans interessiert, wird sich im Archäologischen Museum in Tétouan besonders wohlfühlen. Das 1939 erbaute Museum hält zahlreiche Mosaik-Tafeln, jahrhundertealte Krüge, Torbögen und Mauerfragmente aus längst vergangener Zeit bereit. Die Funde umfassen Erinnerungen an die spanische Einflusssphäre und die dazugehörige römische Stadt Lixus. Steintafeln erinnern an verlorene Kriege und bestandene Schlachten. Dieses Museum ist unweit des Königspalastes und zählt zu den wichtigsten Museen des Landes.

Unter den Einheimischen ist die Stadt sehr beliebt. Daher ist es nicht verwunderlich, dass sie inzwischen 500.000 Einwohner zählt, Tendenz steigend.

Kultur und Traditionen

In diesem Kapitel erfahren Sie etwas über das Leben und Wirken in Marokko und besonders in Tétouan. Das Kapitel hilft Ihnen, die Mentalität und die Gründe dahinter besser zu verstehen. Zudem erfahren Sie allgemein etwas zu den wichtigsten Faktoren, die das Land geprägt haben und bis heute noch stark im alltäglichen Leben prägen.

Tétouan ist, wie auch der Rest des Landes, vorwiegend islamisch geprägt. Daher finden sich im Kleidungsstil, in der Begrüßung, im Lebensstil, in den Einrichtungen, in der Musik und im Umgang miteinander immer wieder islamische Werte. Dementsprechend sollten Sie auch auf Ihren Kleiderstil achten und sich außerhalb des Strandes bedeckter halten und konservativer kleiden.

In Marokko müssen Sie jedoch keine Kopfbedeckung außerhalb einer Moschee tragen. Luftige, lockere Kleidung sollte genügen. Gastfreundschaft wird in Marokko großgeschrieben. Sollten Sie also zum Atay (Minztee) eingeladen werden, schlagen Sie die Einladung nicht aus. Und wenn, dann auch nur mit einer passenden Erklärung. Marokkaner können dies schnell als Abweisung und unhöfliches Verhalten wahrnehmen. Besonders stolz sind Einheimische auch auf die Achtung und Wahrung der Traditionen. Besonders das Familienleben und die gegenseitige Unterstützung in Notlagen werden großgeschrieben. Marokkaner sind sehr stolze Menschen, die bei einer Kränkung nicht klein beigeben.

Dennoch sind die meisten nicht wirklich nachtragend, wenn eine Entschuldigung ernstgemeint ist. Die Kultur und die Gewohnheiten der Menschen stecken voller Widersprüche. Oft sind die Wohnungen ästhetisch und kunstvoll dekoriert und sehr sauber.

Besonders in der Nähe von Märkten werden Sie merken, wie die Schattenseite aussehen kann. Oft liegen Müll, Lebensmittelreste und Sonstiges herum. Lassen Sie sich davon nicht abschrecken.

Das gehört zur Lebensrealität der Marokkaner dazu. Dafür sind die vielen Parks in Strandnähe sehr schön gepflastert und bieten auch Möglichkeiten für einen schönen Aufenthalt. Besonders in den frühen Abendstunden im Sommer versammeln sich die Menschen dort sehr gerne und spazieren, picknicken oder trinken gemeinsam einen Tee bei Sonnenuntergang. Feste werden in der Regel sehr groß gefeiert. Traditionell werden diese nach Geschlechtern getrennt gefeiert. Dafür werden Zelte auf den großen weitflächigen Terrassen aufgestellt und zeitweise wird auch auf der Straße gefeiert. In Tétouan sitzen die Leute oft vor ihren Haustüren und unterhalten sich miteinander. Dabei essen sie Sonnenblumenkerne und trinken Tee. In der Mittagshitze hören viele auf zu arbeiten, sie arbeiten intensiver während der Abendstunden.

Marokkaner können besonders abergläubisch sein. Mystik und Geschichten von Erscheinungen und Magie kommen immer wieder vor. Vor allem glauben Marokkaner auch an die Wirkung des bösen Auges. Wonach, durch den Neid der Menschen, einer Person schlechte Dinge passieren können. Daher ist Vorsicht damit geboten, wem vom Erfolg im Beruf, in der Liebe oder in anderen Lebensbereichen erzählt wird. Es gibt sogar Menschen, die daraus ein Geschäft machen und Menschen anbieten, eine Beziehung, durch einen Liebestrank oder bestimmte Rituale zu zerstören.

Ein passender Aphorismus, um die Lebensweise und das Land als solches zu beschreiben, stammt von Tahar Ben Jelloun:

„Ich würde sagen, dass Marokko einer Zimmerflucht gleicht, deren Türen sich öffnen, wenn man durch sie hindurchgeht... Jede Tür eröffnet einen anderen Ausblick: auf einen Raum, ein Gesicht, eine Stimme, ein Geheimnis."

Dieses Zitat beschreibt in schöner literarischer Formulierung, wie die spontane und lockere Lebensweise der Marokkaner ständig zu neuen Erfahrungen und Erlebnissen führt. Ein Reisender kann nie wissen, welche Lebensweisheit ihm auf dem Weg begegnet. Gerade Tétouan ist von vielen verschiedenen Lebensformen (z.B. der Berber und ihrem

Handwerk) geprägt.

Die Kultur und Traditionen sind stark durch die Monarchie bestimmt. Überall sind Flaggen und Fotos des Königs ausgestellt und ausgehängt. Mit einer konstitutionellen Monarchie unter Führung des Königs Mohammed VI. verfügt Marokko über ein Parlament. Die Wirtschaft wird jedoch in weiten Teilen von der marokkanischen Königsfamilie mitbestimmt. Außerdem ist der König das geistliche Staatsoberhaupt und der oberste Befehlshaber der Streitkräfte, sodass der Einfluss sehr weitreichend ist. Sollten Sie das Land nur als Urlaubsdomizil bereisen, ist davon abzuraten, zu viele Fragen über die politische Situation und das beschwerliche Leben der Menschen zu stellen. Grundsätzlich sind die Menschen aber sehr offen und der eine oder andere Urlauber hat so auch schon mit Einheimischen Freundschaft geschlossen.

Kunst und Handwerk

In diesem Kapitel erfahren Sie etwas über die vielfältige und geschichtlich inspirierte Handwerkskunst Tétouans. Moderne und Vergangenheit bilden eine hervorragende Symbiose und schaffen einzigartige Kunstwerke. Und Sie erfahren auch, wie und wo Sie sich ein Stück dieser Handwerkskunst besorgen können.

Die orientalischen und farbenprächtig gemusterten Fliesen (auch als Zellijen bekannt) zeigen einmal mehr die Handwerkskunst und das Können der

Handwerksmeister in Tétouan. Hier wird viel mit Holz gearbeitet. Begehrt sind feine Schnitzereien aus Olivenholz. Oft können Schlüsselanhänger mit schöner kalligrafischer Schrift und dem eigenen Namen erworben werden. Wer sich für Kunst und Film interessiert, wird in Tétouan nicht enttäuscht.

Jährlich gibt es mehrere Kunst- und Filmfestivals. Darunter sind beispielsweise das Festival des Mittelmeer-Kinos, das Festival des Comics oder auch das Festival der Frauenstimmen. Im Sommer gibt es Musikfestivals, wie das bekannte Mawazine. Viele international bekannte Sänger treten dort auf (z.B. Shakira, Beyoncé oder Jennifer Lopez). Aber auch berühmte Sängerinnen und Sänger Marokkos und Newcomer nehmen teil. Dieses Musikfestival wird häufig in der Nähe der Strände veranstaltet und jedes Jahr sowohl von Einheimischen als auch Touristen gut besucht.

Die Kunstszene Marokkos verändert sich stetig. Neben Gemälden, die die Gassen und das Leben der Menschen abzeichnen, finden sich auch historische Bilder mit alten Geräten zur Getreidegewinnung oder auch völlig neue expressionistische Bilder, die das Leben in Marokko interpretieren und an den Stil des bekannten Künstlers Jean Miro erinnern.

Als Motive sehr beliebt sind bunte Lampen und Laternen, Torbögen, die Innenstädte und das Treiben dort, alte Berberinnen oder Tiermotive, wie elegante und imposante Pferde. Muster, Maserungen und geometrische Formen zieren Teller, Töpfe und ganze Wände. Sie werden sicher das Bild einer Wand mit bunten Tellern und Tajines vor Ihrem geistigen Auge haben. Die Kunstszene Marokkos ist und war schon immer sehr farbenfroh und vielfältig. Auch die bereits weiter oben benannten und erklärten Begriffe Kaftan und Takchita führen dies vor. Jährlich gibt es Modenschauen mit den besten und kreativsten Kleidern. Von Kaftanen mit einer langen imposanten Schleppe über Experimente mit verschiedenen Stoffarten, wie Samt und Seide, bis hin zu Stickereien aus mehreren tausend Pailletten und Perlen. Motive wie Pfauen, Rosen, verschnörkelte Ornamente, geometrische Formen und Naturnachzeichnungen säumen die Stoffe und verleihen der Trägerin einen einzigartigen Look.

Kunstvoll ist auch die Henna-Bemalung. Von traditionell einfach gehaltenem Henna bis hin zu sorgfältig und detailliert verzierten Mustern, kann Ihnen auf Wunsch alles gemacht werden. Klassischerweise werden die Hände verziert. Auf Wunsch werden aber auch gerne Füße, Rücken, Arme und weitere Teile des Körpers bemalt. Die natürliche Farbe ist schonend zur Haut und eine schöne Alternative zu einem langfristigen Tattoo. Dabei besteht die Möglichkeit, zwischen schwarzem und klassisch rotem Henna zu wählen. Empfehlenswert ist jedoch das rote Henna, da es in den meisten Fällen naturbelassen ist. Die Henna-Bemalung ist islamisch und kulturell tief verankert und wird bei Hochzeiten und festlichen Anlässen genutzt. Dafür gibt es eigens den Henna-Abend, in dem die Hände und Füße der Frau bemalt werden. Jede Region und jede Stadt haben dafür auch nochmals ihre Präferenzen. In Tétouan ist die Henna-Bemalung besonders kunstvoll.

Musik

In diesem Kapitel erfahren Sie etwas über die traditionsreiche Musik Marokkos. Gleichzeitig aber auch, welche modernen Formen der Musik sich mittlerweile etabliert haben. Und vor allem auch, wie stark die Musik mit dem Alltag der Menschen und ihrer Geschichte verwoben ist.

Chaabi lässt sich stilistisch von Popmusik über Protestmusik bis hin zu Tanzmusik beschreiben. Dieser hatte sich als ganz eigener Musikstil entwickelt. Diese Musik ist oft in Marokko zu hören, in Geschäften, Restaurants, Taxis oder anderen Lokalitäten.

An alte traditionsreiche spanische Kastagnetten und auch Gitarrenmusik erinnert die marokkanische Qerqabat. Die Sufi-Bruderschaft im Maghreb spielt mithilfe von Eisenklappern rituelle Musik.

Zur traditionellen Berbermusik gehört die sogenannte Ribab. Die Ribab lässt sich als eine einsaitige Kastenspießlaute beschreiben. Sie wird mithilfe eines Bogens bespielt. Oft ist sie schmuckvoll dekoriert und wird als wertvoller Gegenstand wahrgenommen. Traditionelle Berbermusik sind beispielsweise auch die sogenannten Izran. Oft singen Frauen in einer Art wehleidiger Melodie poetische Texte über das Leben, die Liebe, den Schmerz, die Sehnsucht und die beschwerliche Arbeit.

Ein weiteres Instrument, das bespielt wird, ist die T'bol. Beschreiben lässt sie sich als eine mit zwei Tierfellen bespannte hölzerne Rahmentrommel. Meistens wird diese im Stehen gespielt. Dieser Begriff wird jedoch in einigen Regionen für eine andere Trommel verwendet, für die sogenannte Kesseltrommel. Der Unterschied besteht darin, dass diese im Sitzen gespielt wird.

Wer es richtig schnell und dynamisch mag, sollte einmal Reggada hören. Ein Lied, das vor allem bei

Hochzeiten gespielt wird. Dabei wird viel mit den Schultern und der Hüfte getanzt. Der Tanz kommt einem Beben des Körpers gleich. Diese Musik wird Sie mit Sicherheit in ihren Bann ziehen. Vor allem Gruppen von Jugendlichen spielen diese Musik zeitweilig auf der Straße ab und tanzen dazu.

Die jüngeren Generationen hören mittlerweile jedoch auch vermehrt Hiphop, Pop und Rap. Rap hat sich den europäischen Standards angepasst. Viele Rap-Texte sind politisch angehaucht und thematisieren das schwere Leben, die Korruption und die zeitweilige Behördenwillkür. Gleichzeitig werden aber auch Freundschaft, die Wurzeln und die Verbindung zur Familie immer wieder zu Themen der Rap-Texte.

In Marokko werden auch islamisch angehauchte Lieder und die sogenannten Nasheeds gehört. Oft nur von einer Trommel begleitet, singen zumeist Männer über das Leben des Propheten Mohammed, über den Zusammenhalt im Glauben, über die Schönheit und Dankbarkeit für das Leben selbst und über die Sitten und Gebräuche innerhalb des Islam.

Bei dem marokkanischen Fernsehsender 2M und weiteren marokkanischen Sendern werden oft auch Sendungen gezeigt, die die alte traditionelle Musik, die Trachten und Tanzrituale zeigen. Und auch bei dem Musikfestival Mawazine treten Musiker auf, die die traditionelle Musik spielen.

Kulinarische Küche

In diesem Kapitel erfahren Sie alles, was sie über marokkanisches Essen wissen müssen. Eines sollte hier bereits klar werden: Sie hält für jeden etwas bereit. Sie ist würzig und pikant. Aber wer es gerne süß mag wird auch glücklich.

Eines werden Sie in Tétouan nicht fürchten müssen: zu kleine Portionen. Tajine (ein Gericht aus Fleisch, Kartoffeln, Möhren und nach Belieben weiterem Gemüse) und Couscous sind nur die bekanntesten Gerichte. (Im grauen Kasten finden Sie auch nochmal ein Rezept zum Nachmachen Zuhause.) Die marokkanische Küche hält facettenreiche Gerichte bereit. Wer eine warme und würzige Suppe kosten will, ist mit der Harira bestens bedient.

Die würzige Suppe aus verschiedenstem Gemüse, Koriander, Curry, Kumin und Fleisch hält eine geschmacklich neue Erfahrung für Touristen bereit, die sie so schnell nicht vergessen werden. Oft wird der Deckel der Tajine erst vor Ihren Augen vom Teller genommen, sodass Sie dampfend heißes und frisches Essen vorfinden. In guten Lokalen und Restaurants bezahlen Sie das Brot nicht zusätzlich, sondern es wird im Preis schon mit eingerechnet. Denn die meisten Gerichte werden nicht mit Besteck, sondern mit Händen und Brot gegessen. Das Brot wird dabei wie ein Löffel-Ersatz genutzt. Marokkaner sagen dazu, dass das Essen mit mehr Sinnen verarbeitet wird und somit besser schmeckt. Dazu können Sie Tee bestellen oder ein Kaltgetränk.

Sie sollten wissen, dass es auch verschiedenes herzhaftes Backwerk gibt. Der luftige Pfannkuchen Baghrir oder der aus Grießmehl hergestellte Msemmen sind da nur der Anfang. In der kulinarischen Aufstellung zeigt sich auch wieder der Einfluss von den Imazighen aus dem Rif und von den Arabern. Dieses benannte herzhafte Gebäck können Sie wahlweise mit naturbelassenem Honig, Amlou (einer Mischung aus Honig und Mandelmus), marokkanischem Olivenöl oder Arganöl und Mandelmus verspeisen. In den meisten Cafés ist es möglich, diese Gerichte zu bestellen.

Was Sie in Marokko überall trinken können und sollten, ist Atay (grüner Tee mit frischen Blättern der Pfefferminze und reichlich Zucker). Der Tee wird zu jeder Tageszeit getrunken, ob zum Frühstück, Mittag- oder Abendessen, ob mit einigen Einheimischen im Gespräch oder einfach nur allein in einem kleinen marokkanischen Café. Der Tee ist nicht nur ein einfaches Getränk in Marokko. Er ist fest verwurzelt mit der Geschichte des Landes (der Imazighen aus dem Rif, der Tuareg und Araber). Die Zubereitung kann jedoch kleine Unterschiede aufweisen.

Am besten ist der Tee, wenn er aus einiger Höhe in das Glas geschüttet wird und eine kleine Gischt Schaum erzeugt. Bestehen Sie am besten darauf, dass nicht nur in der Kanne, sondern auch zusätzlich im Glas noch einmal frische Pfefferminzblätter hinzugegeben werden. So bekommt er seinen unverwechselbaren, frischen Geschmack.

Sollten Sie eine Naschkatze sein, sind sie in Patisserien bestens aufgehoben. Sehr kalorienreiches süßes marokkanisches Haloua (Gebäck) wird dort verkauft. Viele Süßspeisen ähneln französischen Süßspeisen, wie Eclairs, Croissants und Schokobrötchen. Aber Sie finden dort auch die Handwerkskunst der Marokkaner wieder. Von Sfenj (Donut ähnliches Gebäck) über Chebakia (knuspriger Teig mit Anis und ummantelt mit Honig) bis hin zu Makroud (Griesgebäck mit Dattelpaste und Orangenblütenwasser). Sie können sich eine Box ganz nach ihren Vorstellungen zusammenstellen lassen.

Achten Sie unbedingt darauf, immer Wasser für zwischendurch und auch für das Hotel zu holen. Das Kranwasser in Marokko schmeckt stark chlorhaltig und ist ungenießbar. Das Gute ist: Bestellen Sie einen Kaffee, erhalten Sie fast überall eine Wasserflasche oder ein Glas Wasser gratis dazu.

Selbstverständlich gibt es auch in Marokko oft die Möglichkeit, an Ständen einen Imbiss oder eine Leckerei zu kaufen. Am häufigsten finden Sie Stände mit handgepresstem Orangensaft, Kratzeis mit gefärbtem Zuckersirup, gegrilltem Mais, Popcorn, mit gerösteten Sonnenblumenkernen und, nicht zu vergessen, Schneckensuppe. Vor allem die Schneckensuppe wird den einen oder anderen Urlauber überraschen. In einer kleinen Suppenschale erhält man die noch in Schneckenhäusern gekochten Schnecken und kann diese mit einem Zahnstocher aus dem Schneckenhaus herauspulen.

Wenn Sie gutes und leckeres Brot essen möchten, sollten Sie zum El Fouki Markt gehen. Dort kaufen die Einheimischen ihr Brot. Sie finden Brote in allen Formen und Größen, darunter auch die traditionellen flachen, runden Brote, häufig aus Grießmehl, Maismehl oder Roggen.

Es gibt einige Süßigkeiten, die Sie auch als Tourist kennen sollten. Raibi Jamila ist beispielsweise ein Joghurt mit Granatapfelgeschmack. Dieser wird klassischerweise tiefgefroren und wie ein Kratzeis verspeist. Tonik und Polo sind die bekanntesten Riegel, bestehend aus Waffelkeks und Schokolade. Cicos ist gerösteter gewürzter Mais. Dann gibt es noch bunte, gezuckerte und geröstete Kichererbsen.

Die Gassen der Medina

In diesem Kapitel erfahren Sie, was die Medina von Tétouan so einzigartig und unvergleichlich macht. In der Geschichte dieser Altstadt liegt auch begründet, warum sie von der UNESCO als Weltkulturerbe ausgezeichnet wurde. Tauchen Sie ein in die wundersamen Impressionen über längst vergangene Geschichten und vermeintlich verborgene Erzählungen.

Sicherlich haben Sie schon einmal etwas von verwinkelten Gassen und schmalen Gängen in

Marokko gehört. Städte wie Chefchaouen, Essaouira oder Al Hoceima sind einige Beispiele dafür. Tétouan hat ebenfalls solche verwinkelten Gassen. Worin gleichen sich die meisten Städte? Im Stadtkern gibt es häufig eine Moschee, von der mehrere Gassen und Geschäfte ausgehen.

Die Medina von Tétouan ist von einer historischen Mauer von ca. 5 km Länge umgeben. Das Besondere ist: Sie ist über sieben Tore zugänglich. Das bekannteste ist Bab Okla. An diesem Tor gibt es einen Zugang zum Königspalast am Place Hassan II, zu einer bekannten Gerberei, zu dem Ethnografischen Museum und der Ecole des Arts et Métiers de Tétouan. Diese Kunstschule ist die einzige im gesamten Land, die Diplome vergibt. Daher kommt Tétouan als kultureller Stadt eine besondere Bedeutung zu. Unweit davon befindet sich die Souika. Diese ist der älteste Teil der Medina. Dort haben Sie die Möglichkeit zu sehen, wo ehemals Franco als General lebte! Die Lalla Fariya Moschee ist die älteste Moschee der Stadt und ebenfalls unweit des Tores.

Ein weiteres wichtiges Tor ist das Bab Jiaf (auch bekannt als das Tor der Überreste). Dieses Tor führt zu Orten der jüdischen Geschichte und zum jüdischen Friedhof.

Bab M'Kabar ist ein Tor, um das herum traditionelles marokkanisches Essen verkauft wird. Unweit davon ist ein schönes andalusisch inspiriertes Café, das Café Granada. Viele Marokkaner schauen dort und auch in anderen Cafés gerne Fußball, am liebsten die Spiele zwischen FC Barcelona und Real Madrid.

Das Tor Bab al Rouah führt zum Ghersa-el-Kebira-Platz. Dort finden sich in einer langen Reihe Juweliere und Stoffläden mit verschiedenen Kaftanen, weiteren Gewändern und Kleidern. Wer nach schönen marokkanischen Kleidern sucht, wird dort fündig. Diese Schneider sind bekannt für ihr Handwerk. Es lohnt sich auch Schmuck in Marokko zu kaufen, da Gold und Silber günstiger zu erwerben sind als in Europa.

Bab Rmouz hält viel über den Einfluss Spaniens bereit. Die Bab Saida wird mit dem ägyptischen Saeid verbunden, der in der Nähe des Tores begraben liegt. Dieses Tor und das Tor Bab Jiaf sind Ausgangstore der Medina.

Die Tore zeigen einmal mehr, wie künstlerisch und poetisch die Architektur der Stadt ist und warum sie auch zum Weltkulturerbe bestimmt wurde. Sie sind mehr oder weniger gut erhalten. Am besten erhalten ist noch Bab Okla. An allen Gebäuden und historisch wichtigen Orten finden sich mehrsprachige Tafeln, die die Geschichte und den Hintergrund genauer erklären.

Wie Sie sicher bemerkt haben, sind die Basare (Souks) nach Handwerk getrennt. So finden sich diese in der Medina auch an verschiedenen Plätzen wieder.

Besondere Lage Tétouans

In diesem Kapitel erfahren Sie, warum sich Tétouan sowohl geographisch als auch meteorologisch besonders gut als Urlaubsort eignet. Erfahren Sie, weshalb Sie von Tétouan aus die günstigsten Bedingungen haben, eine Marokko-Tour zu starten.

Die Stadt hat den Vorteil, dass Sie unweit der spanischen Enklave Ceuta liegt. Wer also doch mal europäische Standards braucht, hat es nicht weit, beispielsweise im Bereich der medizinischen

Versorgung. Zudem liegt die Stadt sehr nahe am Meer, sodass der Martil (die benannte Strandpromenade), einfach und schnell zu erreichen ist. Dieser ist für eine Jogging-Route aufgrund der frischen und klaren Meeresluft sehr zu empfehlen.

Zudem führt die Autobahn von Tétouan aus direkt in Richtung Tanger und zu den anderen umliegenden Städten. Tétouan befindet sich klimatisch in einer günstigen Lage. Oft ist das Wetter durch das Meer sehr mild und wird trotz Hitze im Sommer von einem frischen Wind begleitet. Deswegen ist der marokkanische König, besonders während der Sommermonate, in seiner Sommerresidenz in Tétouan und fährt, begleitet von einer großen Autokolonne und reichlich Personenschutz, in der Gegend umher. Daher ist die ideale Reisezeit zwischen April und Oktober. Wenn Sie einen Badeurlaub machen möchten, sollten Sie sich für die Monate August und September entscheiden. Die Temperaturen tagsüber sind dann nicht mehr ganz so heiß und das Meer hat eine angenehme Temperatur für den Badespaß.

Die bekannte Stadt Chefchaouen mit ihren kalkweißen Gebäuden und blauen Türen und Toren ist unweit von Tétouan und kann so auch im Rahmen eines Tagesausfluges besucht werden. Dort gibt es eine wunderschöne Landschaft, die man von einem Gebirge aus bestaunen kann.

Auch die Stadt Tanger ist nur ca. 1,5 Autostunden entfernt. Es ist empfehlenswert, sich auch diese Stadt näher anzusehen. Oft werden Tétouan und Tanger in einem Atemzug genannt. Denn was in Tétouan nicht zu finden ist, findet sich in Tanger und umgekehrt.

Insidertipps

In diesem Kapitel erfahren Sie, was Sie bei Ihrem Aufenthalt, aber auch schon vor der Anreise, beachten sollten. Bedenken Sie dabei immer, dass Sie vieles aus dem Zusammenhang und vor Ort selbst erschließen können. Also lassen Sie sich auch von einigen Hinweisen nicht abschrecken oder verunsichern. Nutzen Sie die Tipps und tauchen Sie damit tief in die Denkweise der marokkanischen Mentalität und Kultur ein.

Bedenken Sie in Marokko eines: Es ist zwar reich an Rohstoffen und Mineralien, aber die Bevölkerung ist dennoch im internationalen Vergleich relativ arm. Daher sollten Sie besonders als Tourist*in beachten, sich nicht zu vornehm zu kleiden, sondern sich in normaler Alltagskleidung zu bewegen. Grundsätzlich gilt in arabisch-islamischen Ländern: Je mehr Sie Ihr Outfit anpassen, desto weniger fallen Sie auf.

Machen Sie den Selbsttest einmal auf dem Souk. Sollten Sie dort Obst und Gemüse kaufen wollen, werden Sie in klassischer „Touri-Montur" sicherlich mehr bezahlen. Daher am besten auch lieber eine simple Einkaufstasche nutzen, statt mit einem Trekkingrucksack (einen Trekkingrucksack brauchen Sie nur, wenn Sie am Gebirge im Rif-Gebiet entlangtrampen wollen) beim Einkauf auf sich aufmerksam zu machen. Das Gleiche gilt auch für den Geldbeutel oder Handtaschen. Nehmen Sie lieber ein kleines unauffälliges Portemonnaie und ihre Reiseausweise zum Einkaufen mit. Essen Sie auch nicht immer nur im Stadtzentrum. Dort sind die Restaurants oft teurer, da diese stärker auf Touristen ausgerichtet sind. Sie finden in Nebengassen und weniger befahrenen Straßen tolle Restaurants und Cafés.

Ein weiterer wichtiger Tipp ist: Bettlern und auch Menschen, die zu einem kommen, wenn Sie im

Auto an der roten Ampel sitzen, möglichst nichts zu geben. Es klingt zwar hart, aber vor allem im Markt sprechen sich etliche ab oder beobachten andere Bettler. So werden viele auf Sie aufmerksam, vielleicht sogar Taschendiebe. Wenn Sie den Menschen etwas geben möchten, können Sie Ihnen gerne etwas zu essen kaufen. Geld ist jedoch nicht ratsam.

Kaufen Sie im Souk auch keine angeblich heilenden Öle und Produkte. Eine Reihe von Gläschen, die untersucht wurden, beinhalteten gesundheitsgefährdende Substanzen. Wenn Sie beispielsweise reines Arganöl wollen, gibt es eine Reihe von seriösen Läden und Anlaufstellen dafür. Wenn Sie an einem Verkaufsstand vorbeigehen und Ihnen etwas in die Hand gegeben wird, geben Sie dies entschieden zurück. Anderenfalls drängt Sie der Händler das Produkt zu kaufen und bekommt seine Verkaufsstrategie durchgesetzt. Stellen Sie sich auch auf eine andere Geräuschkulisse ein.

Die Produkte werden oft laut umworben und der Preis wird in die Menge gerufen. Entlang der Straßen finden sich Menschen, die auf einer Plane am Boden ausgebreitete Produkte wie Süßigkeiten, Taschentücher, Unterwäsche, Tabak, Spielzeug und

Sonstiges verkaufen.

Sie sollten auch beachten, wann Sie dorthin reisen möchten. Während des Ramadans und zu den Eid-Festen (Islamische Feiertage) ist die Erlebnisgestaltung schwierig. Zum einen öffnen Cafés und Restaurants nicht tagsüber, sondern sind dann die ganze Nacht über geöffnet und zum anderen sollte während der Fastenzeit auch nicht öffentlich gegessen werden. Planen Sie daher solche Zeiten auch mit ein, dann sollten keine Probleme bestehen. Beim Gebetsruf kann es sein, dass die Leute ihre Geschäfte schließen und zur Moschee gehen, um zu beten.

Das wird aber keine 15 Minuten in Anspruch nehmen. Während des Eid-Festes ist bei den meisten Menschen ein festes Programm eingeplant, ähnlich wie hierzulande zu Weihnachten. Verschiedene Familienmitglieder werden besucht, ein Hammel wird geschächtet und das Fleisch anschließend zum Grillen zubereitet und verspeist. Daher werden Sie an Tagen vor dem sogenannten Opferfest ein geschäftiges Treiben auf den Marktplätzen wiederfinden. Die Menschen eilen hin und holen letzte Süßspeisen, kaufen einen Hammel und feine Kleidungsstücke für das Fest. Sollten Sie bei einer Familie eingeladen

36|INSIDERTIPPS

sein, gilt es einiges zu beachten. Es kommt sehr gut an, wenn ein kleines Geschenk für den Gastgeber mitgebracht wird. Meistens werden, an dem drei Tage andauernden Eid, am ersten Tag eher die Innereien zubereitet. Wenn Sie dies also nicht mögen, sollten Sie wenigstens das Brot in die Sauce tunken, um etwas zu verspeisen. Es kommt unhöflich an, wenn ein Gast das Essen grundsätzlich ablehnt. Meist folgen im Laufe des Tages jedoch noch das Fleisch an Grillspießen und Weiteres vom Grill. Daher werden Sie nicht hungern müssen.

Wenn Sie sich erholen wollen und sich voll umsorgen lassen möchten, sollten Sie unbedingt ein Hamam besuchen. Mit feinsten ätherischen Ölen, Olivenkernseife und Arganöl werden Sie massiert, Ihr Rücken gesäubert und ein rundum Wohlfühlmoment geschaffen. Sie können dabei Ihren Pfefferminztee trinken, auf feinsten marokkanischen Teppichen entspannen und den leisen, melodischen Tönen eines Zupfinstrumentes lauschen.

Achten Sie beim Einkauf immer darauf, ob das gekaufte Obst und Gemüse auch wirklich qualitativ gut ist und Ihnen kein faules Lebensmittel untergejubelt wird. Lassen Sie sich aber auf keinen ernsthaften Streit ein, sondern schimpfen Sie, wenn auch nur kurz, darüber. Es ist möglich, in der mittlerweile großen Supermarktkette Marjane, die dem marokkanischen Königshaus gehört, Lebensmittel, Drogerieartikel und alle möglichen Haushaltswaren zu bekommen.

Allerdings findet sich das beste Gemüse und Obst oft auf den Souks wieder. Es ist sonnengereift und von Leuten, die mit den Einnahmen ihre Familien ernähren. In Restaurants oder im Hotel ist es üblich, ein Trinkgeld zu geben. Damit helfen Sie den Menschen ihr Gehalt etwas aufzustocken. Da aus Marokko vieles exportiert wird, gibt es eine Reihe von Obst und Gemüse, welches für dortige Verhältnisse zu bestimmten Jahreszeiten teurer sein könnte, beispielsweise Erdbeeren, Pfirsiche und Kirschen. Oft kommt es vor, dass Sie auf den Souks günstigere Preise vorfinden werden als in den Supermärkten.

Die Auswahl der Restaurants sollten Sie stets mit Bedacht treffen. Vertrauen Sie nicht darauf, dass in allen Restaurants die entsprechenden Hygienestandards eingehalten werden. Daher ist es ratsam nicht nur auf die Außenfassade des Restaurants achtzugeben, sondern auch, ob die

Innenausstattung, die Toiletten und das Personal gut ausgestattet und gepflegt erscheinen. Eine Reihe von guten Restaurants wird Ihnen hier auch nochmal vorgestellt. Grundsätzlich gilt, dass bei Grillgut und Tajines weniger Bedenken sind als bei Gerichten, die in Form eines Eintopfs serviert werden. Da können Sie die Frische des Gerichts nur schwer einschätzen. Auch beim Kauf von Lebensmitteln in einem kleinen Supermarkt sollten Sie unbedingt beachten, ob die Verfallsdaten noch unbeschädigt sind und da nicht noch nachgeholfen und daran etwas geändert wurde.

Besonders empfehlenswerte Restaurants werden im Folgenden aufgelistet:

- Blanco Riad Restaurant
- Riad El Reducto
- Esquina del Pescado
- Sed Nakhla - Le Restaurant du Lac
- El Pasillo
- Restaurant Argovia

Beachten Sie bei Ihrem Aufenthalt in Marokko auch, dass Sie keine Kräuter oder Sträucher kaufen sollten, die Sie nicht kennen. Denn in Marokko werden 70 % des weltweiten Haschischs hergestellt. In der Regel wird dies aber auch nicht an unbekannte Abnehmer verkauft. Daher sollten Sie nur achtsam sein, was Ihnen angeboten wird. Ansonsten kann es besonders in der Nähe der Autobahn immer wieder dazu kommen, dass kleine Kinder wohlriechende Sträucher wie Oregano, Rosmarin und Thymian verkaufen.

Auch die Kommunikation mit dem Handy und die Internetnutzung sollten bedacht werden. Daten-Roaming ist in Marokko nach wie vor nicht günstig. Daher haben Sie die Möglichkeit in ein Internetcafé zu gehen oder eine SIM-Karte zu kaufen. Kaufen Sie diese allerdings nur in richtigen Läden und nicht auf der Straße. Oft können die Verkäufer Ihnen dieses schon passend einrichten. Die beste Netzwerkabdeckung hat Maroc Telecom. Daher wird dies oft für Reisende als Karte empfohlen.

Es gibt eine ganze Reihe von Restaurants, Cafés und Hotels, in denen Sie Wi-Fi kostenlos nutzen können. Elektrogeräte können in den meisten Fällen ohne einen Adapter verwendet werden. Achten Sie dennoch darauf, diese nicht über Nacht an einem

Stecker zu lassen, da die Stromleistungen zeitweilig zu hoch sind.

Seien Sie an den Taxistellen nicht zaghaft. Rufen Sie laut nach einem Taxi oder sprechen Sie direkt einen der Taxifahrer an. Setzen Sie nicht voraus, dass alle Englisch oder Französisch sprechen. Es wäre ratsam einige grundlegende Worte auf Arabisch zu können, um die Zielroute oder den gewünschten Ort benennen zu können. So besteht auch ein geringeres Risiko dabei eine längere Strecke, als eigentlich sein müsste, zu fahren. Achten Sie darauf, ein Taxi möglichst schnell für sich zu reservieren. Anderenfalls müssen Sie mit anderen Fahrgästen fahren oder gehen leer aus. Es kann auch vorkommen, dass mehr Fahrgäste in den Taxis sitzen, als eigentlich erlaubt sind. Auch da kommt es darauf an in welcher Saison Sie dort sind. In der Regel nehmen die Taxifahrer bei Touristen nicht noch zusätzliche Fahrgäste mit. Dies kommt eher bei Einheimischen vor.

Sollten Sie spätabends unterwegs sein ist vor allem Frauen zu empfehlen, sich ein Taxi zu bestellen und den Rückweg nicht zu Fuß zu bestreiten.

Wenn Sie eine Busfahrt in eine andere Stadt machen wollen müssen Sie zeitweise damit rechnen, dass die Tickets sehr schnell verkauft sind. Viele haben kein Auto und können sich eine weite Taxifahrt nicht leisten. Die Busticketverkäufer werden versuchen, Sie von anderen Zielen zu überzeugen und Ihnen ein anderes Ticket verkaufen wollen. Auch da gilt es, konsequent und bestimmt zu verneinen. Bringen Sie Leichtigkeit und Geduld mit. Es kann vorkommen, dass der Bus letztlich das Ziel nicht anfährt, sondern eine Stadt vorher anhält und nicht weiterfährt.

Bei der Anmietung eines Autos sollten Sie darauf achten, wie die Reifen des Autos und der Stand des Motors sind. Meistens sind die Autos in einem guten Zustand. Einige Anbieter nehmen es jedoch mit der Nachkontrolle und Erneuerung beim Verschleiß der Autos nicht so genau.

WIE EIN MAROKKANER UM DEN PREIS FEILSCHT

In diesem Kapitel lernen Sie, wie Sie den Wert Ihres Geldes einschätzen, die Strategien der Händler umdrehen können und zu Ihren Gunsten nutzen. Sie lernen, dass Verhandlungstaktik nach einer guten Einschätzung richtig Spaß machen kann.

Zuerst müssen Sie verstehen, wie viel ihr Geld umgerechnet wert ist. 1 € ist umgerechnet 10 Dirham in Marokko. Für 50 Dirham bekommen Sie schon Gewänder für Zuhause. 1 € ist schon viel für marokkanische Verhältnisse. Ein Bauarbeiter verdient oft nicht mehr als 4 € am Tag. Außerdem erhalten Sie beim Geldwechsel oft mehr, da der Wechselkurs in den meisten Fällen zu Ihren Gunsten ausfällt. Achten Sie auf den momentanen Kurs.

Sollten Sie eine schöne Djellaba, einen Kaftan, eine von Hand getöpferte Tajine oder auch handgenähte marokkanische Schuhe gefunden haben und ein Stück Marokko dadurch nachhause nehmen wollen, versuchen Sie unbedingt zu feilschen und nicht dem ersten Preis direkt zuzustimmen. Oft werden Touristen aus Europa Schmuckstücke und Souvenirs um ein Vielfaches des eigentlichen Preises verkauft.

Vertrauen Sie da ganz auf Ihre Intuition. Sollte Ihnen ein Preis auch mal zu hoch erscheinen oder Sie werden von einem Händler bequatscht und nicht in Ruhe gelassen, verneinen Sie höflich und bestimmt das Angebot und gehen Sie sicheren Schrittes weiter. Falsche Scham deuten viele Händler als Unentschlossenheit und preisen ihre Produkte noch energischer an. Die Händler bieten oft vergleichbare Produkte an. Das meiste werden Sie im Souk mehrmals sehen. Daher ist es oft ratsam zu schauen, welche Preise genannt oder beschildert werden und am Ende einen Händler auszuwählen.

So werden Sie wissen, welche Preise bestehen und die Händler miteinander absprechen und das günstigste Angebot einholen können. Oft gleicht die Konversation mit Händlern einer theatralischen Szene. Spielen Sie die Pointe gekonnt zurück und lassen Sie sich selbstbewusst auf einen Spruch ein. So gewinnen Sie Sympathiepunkte und können zusätzlich etwas am Preis ruckeln. Sie können sogar so weit gehen, dass Sie vortäuschen zu gehen. Viele Händler willigen dann doch ein. Manchmal klappt es, manchmal nicht. Bei allem gilt: Tun Sie das, was Sie für das Richtige halten. Es kommt immer darauf an, wer Ihnen gegenübersteht. Die allerbesten Chancen, möglichst günstig wegzukommen, bestehen dann, wenn ein Einheimischer Ihnen hilft und als Freund bei Rat und Tat zur Seite steht. Bringen Sie bei einem Einkauf auch immer eine Tüte oder einen Jutebeutel selbst mit, denn mittlerweile sollen offiziell keine Plastiktüten mehr ausgegeben werden. Daher können Sie nie wissen, ob der Verkäufer über eine Möglichkeit der Verpackung verfügt. Die meisten haben noch Packpapier auf Lager. Dies lässt sich jedoch auch nicht für alles nutzen.

ERHOLSAMER BADESPAß

In diesem Kapitel erfahren Sie, was Sie für einen schönen und erholsamen Badeurlaub beachten sollten, welche Strände besonders zu empfehlen sind und wie und wo Sie beim Strandaufenthalt besonders gut essen gehen können.

Wenn Sie einige erholsame Tage Badeurlaub erleben möchten, sollten Sie Tamuda Bay unbedingt gesehen und aufgesucht haben. Entlang der Küste findet sich eine einzigartige Flora und Fauna. Sie sehen eine hügelige Landschaft in Richtung des Rif-

Gebirges, schöne Sandstrände und die Stadt zeichnet sich von dort wunderschön und schemenhaft ab. Es gibt zahlreiche luxuriöse Hotels und auch für Kinder die Möglichkeit, sich in einem Wasserpark spielerisch auszutoben. Massagen, Erholungstherapien und Saunen finden Sie dort zur Genüge.

Außerhalb der Sommermonate ist auch der Cabo Negro Beach sehr zu empfehlen. Dieser Strand ist einer der schönsten und besten Sandstränden in Nordmarokko. Während der Sommermonate wird dieser jedoch von einheimischen marokkanischen Touristen oft besucht. Besonders viele Marokkaner kommen in den Sommermonaten aus dem heißen Fes oder Agadir nach Tétouan. Die milden Temperaturen und die Strände sind daher besonders beliebt. Sie können dort auch verschiedene Sportarten ausüben, wie Tennis, Reiten, Golf und verschiedene Wassersportarten. Der Strand liegt etwa 13 Kilometer nordöstlich von Tétouan.

Entlang der Strände gibt es dutzende kleine und große Fischrestaurants, in denen Sie essen gehen können. Besonders in den Sommermonaten werden häufig gegrillte Sardinen, Calamares und Garnelen gegrillt und dort mit einem Spritzer Zitrone und

Petersilie angeboten.

An den Stränden finden sich häufig auch kleine Hütten, die aus einem Korbgeflecht zusammengesetzt sind und einen Sichtschutz beim Umziehen bieten. Dort können Sie sich aber auch vor der Mittagshitze zurückziehen und ein Nickerchen machen oder Ihr Mittagessen genießen. Für einen kleinen Preis lässt sich eine solche Hütte für fast einen ganzen Tag anmieten.

Ansonsten gibt es noch die kleine Stadt M'Diq. Sie verfügt über einen großen Yachthafen und eine schöne Aussicht auf das Meer. Der Fischereihafen versorgt Tétouan und auch die umliegenden Gebiete mit Fisch.

Empfehlenswert ist es Sonnenmilch zu nutzen, die mindestens Lichtschutzfaktor 30 hat. Besonders in den Sommermonaten kann sonst schnell ein Sonnenbrand entstehen. Meistens sind an den Stränden Rettungsschwimmer. Sollten Sie mit Kindern an den Strand wollen ist es besonders empfehlenswert, selbst ein Auge auf die Kinder zu haben. Gerade in den Sommermonaten ist es zu voll für einen ausreichenden Überblick.

An manchen Stränden kann es vorkommen, dass

vermehrt Quallen und Seeigel im Wasser sind. Daher sollten Sie beim Schwimmen etwas achtsam sein. Quallen werden auch Feuer des Meeres genannt, da die Berührung mit einer Qualle oft sehr schmerzhaft sein kann und dann umgehend gekühlt werden sollte. In der Regel wird vor allem in Strandnähe das Wasser von Quallen und dergleichen gesäubert. Dennoch besteht keine Garantie darauf, diese nicht vorzufinden.

Das vom Hotel Marina SMIR ausgewiesene Tauchzentrum GREENSTAR bietet von März bis Oktober Kurse an. Die offiziell genehmigten Zentren CMAS und PADI bieten Ausbildungen, Weiterbildungen und Tauch-Spaziergänge auf See an. Mehr Infos dazu finden Sie unter: http://www.voyage-plongee.com/plongee_maroc.html.

Stühle und Sonnenschirme können an den meisten Stränden angemietet werden. Familienstrände bieten derweil sogar Grillmöglichkeiten an.

HOTELS UND UNTERKÜNFTE

In diesem Kapitel erfahren Sie, welche Hotels in Tétouan empfehlenswert sind und wo sie Vorkehrungen und eine intensive Vorbereitung treffen sollten. So kann bei Ihrem Aufenthalt dann nichts mehr schiefgehen.

Es gibt einige besonders gut bewertete Hotels. Auch bei den Hotels gilt, lieber noch einmal mehr recherchieren. Oft überzeugen gute Hotels mit einem orientalischen Flair und vielen Rückzugs- und Entspannungsmöglichkeiten (z.B. Pools, Saunen, Teehäuser, eigene kleine Restaurants und Läden).

Um einige Beispiele zu nennen: Club Med Yasmina, das Hotel Al Mandari, die Pension Riad El Reducto oder das Blanco Riad Hotel & Restaurant. Sie glänzen durch freundliches Personal, gute Preise und ein orientalisches Ambiente. Achten Sie bei der Suche nach einem Hotel darauf, kein zu kostengünstiges Hotel zu wählen, damit die Hotels europäische Standards vorweisen und Sie sich ungestört erholen können. Außerhalb der Sommersaison ist ein Hotelwechsel aber auch sehr schnell und unkompliziert möglich. Das Büfett in den Hotels erstreckt sich oft von bekannten europäischen Gerichten bis hin zu traditionellem marokkanischem Essen. Die meisten Küchen können Ihnen auf Wunsch auch etwas Spezielleres kochen. Einige Hotels sind auch mehr auf Fisch spezialisiert. Vor allem in der Nähe der Strände passen die Hotels sich thematisch dem Meer an. Beachten Sie, dass auch in Marokko bestimmte Zeiten für das Frühstück gelten.

In der Nähe der Strände können Sie oft Bungalows oder Strandhäuser anmieten. Bei Ferienwohnungen gilt jedoch eine gründliche Recherche. Außerhalb der Sommersaison ist es ein Leichtes, so etwas zu finden. Im Sommer sollte dies jedoch schon vorher gebucht werden.

Wenn Sie einmal auf die Schnelle ein Hotel suchen, es gibt auch einige Hotelketten, die aus Europa bekannt sind (z.B. Mercure Hotels oder Ibis Hotels).

MARTIL BEI NACHT

Wie Sie mittlerweile wissen, ist der Martil unweit von Tétouan und bietet auch in der Nacht schöne Möglichkeiten und Erlebnisse, beispielsweise der Maghrir. Das ist eine Art Messe mit allen möglichen Verkaufsständen und Attraktionen. Von der Henna-Bemalung über Kirmes-Attraktionen, kulinarischen Köstlichkeiten bis hin zu Gewürzständen lässt sich dort alles finden. Gegen einen kleinen Aufpreis können Sie die Messe besuchen. Die Gewürzstände sind besonders farbenfroh. Dort besteht die Möglichkeit, Gewürze fein pulverisieren zu lassen und am Ende der Reise mitzunehmen und für verschiedene Gerichte auszuprobieren. Von Gewürzmischungen mit Ingwer, Curry, Cumin über Nelken, Anis und Zimt bis hin zu Oregano, Thymian und Rosmarin bekommen Sie dort viel. Das bekannte Gewürz Ras el Hanout (auch bekannt als Gewürz des Ladens) wird dort angeboten. Achten Sie nur darauf nicht zu nah heranzugehen, um nicht vom Staub der Gewürze zu niesen. Edle Teekannen, Weihrauchstäbchen, kleine orientalische Mäppchen mit goldener Stickerei, Münztücher in allen Farben zum Tanzen, alles findet sich auf dem Maghrir. Anschließend können Sie sich in eines der offenen Restaurants setzen und dem Treiben bequem vom Tisch aus folgen.

Männer in Djellabas (langen Gewändern) treten gemeinsam auf. Sie spielen Zupfinstrumente, Blasinstrumente und Trommeln, die mit Kamelleder umspannt sind. Dabei tanzen sie im Kreis und singen melodisch den immerzu gleichen Singsang und fordern die Leute auf mitzutanzen. Wer sich von ihrem Treiben mitziehen lässt, wird so schnell nicht aufhören können zu tanzen.

Der Maghrir ist auch für Familien geeignet, da es viele Attraktionen für Kinder und Familien im Generellen gibt.

Der Martil liegt unweit vom Strand und nach der Kirmes lässt es sich entspannt an der kilometerweit weiß gefliesten Strandpromenade entspannen.

Als Frau in Marokko

In den Kapiteln davor hat es immer mal wieder eine Erwähnung gefunden. An dieser Stelle soll das Thema noch einmal ausführlich besprochen werden.

Anders als oft dargestellt wird, können sich Frauen in den meisten Lebensreichen relativ frei bewegen. Nichtsdestotrotz kann es vor allem bei europäisch aussehenden Frauen dazu kommen, dass ihnen in den Gassen und auf dem Souk nachgerufen und nachgepfiffen wird. In den meisten Fällen bleibt es jedoch dabei. Abends ist es in jedem Falle empfehlenswert, in Begleitung einer Gruppe oder eines Mannes unterwegs zu sein. In Taxis, im Zug oder während der Busfahrt werden Sie in der Regel nicht belästigt. Mobil zu sein ist daher kein Problem.

Es stellt sich eher das Problem ein, dass Händler und Menschen im Allgemeinen aus dem finanziellen Vorteil einen Gewinn herausschlagen wollen. Verirren Sie sich mal in einer Gasse der Medina, gibt es Menschen, die dafür Geld nehmen möchten und Ihnen dann den Weg zeigen. Auch beim Einparken oder beim Transportieren der Lebensmittel müssen Sie hier und da damit rechnen, dass man Ihnen helfen will, um etwas Geld dazuzuverdienen.

Sie können als Frau auch die Erfahrung von Heiratsangeboten machen. Lächeln Sie einfach darüber und schlagen Sie höflich das Angebot aus. Dies ist dem Umstand zuzuschreiben, dass viele Menschen sich ein besseres Leben in Europa erhoffen. Sie können auch einem sehr respektvollen Mann begegnen, der Ihnen möglicherweise Tipps und Tricks gibt, wie Sie sie auch hier in den letzten Kapiteln gelesen haben.

Besonders Studenten freuen sich immer wieder,

die Stadt zu erklären und Ihnen die schönsten Attraktionen zeigen zu können. Wenn Sie eine profes-
sionelle Tour wollen, gibt es zahlreiche Guides, die
mehrere Sprachen können und Ihnen mit viel Elan
und Humor das Leben und die Geschichte der Stadt
näherbringen.

Sie werden die offene Neugier und Wissbe-
gierde der Menschen kennenlernen. Denn auch
wenn Sie Touristen gewohnt sind, so sind es doch
häufig Marokkaner aus der Diaspora, die wieder
nach Marokko kommen. Deshalb nehmen Sie Fragen
und Kommentare ruhig entgegen.

Lassen Sie sich auf Erfahrungen und plötzliche
Erlebnisse ein und Sie werden sehen, wie vieles sich
aus der einfachen Lebensmentalität der Menschen
ergibt.

Schlusswort und Gedankenreise

Im Schlusswort werden Sie auf eine kleine Gedankenreise mitgenommen, wie ein möglicher Tag Ihrer Marokko-Reise aussehen könnte, welche Menschen Ihnen begegnen, welche Sinne und Reize Sie erkunden und schätzen werden. Lassen Sie sich auf die Gedankenreise ein und sehen Sie, wohin Sie diese führen könnte.

Überzeugen Sie sich selbst von der Stadt Tétouan und tauchen Sie ein in den Traum aus Tausendundeiner Nacht. Sollten Sie in Marokko sein und sich einmal fragen, warum das Leben und Treiben ein anderes Tempo hat, passt ein altes marokkanisches Sprichwort ganz gut zur Erklärung Ihrer Frage: „Abwarten und Tee trinken."

Eine Reise nach Marokko wird Sie Ihr Lebensmodell und manche Angewohnheiten hinterfragen lassen. Gewohnheiten wie Stress, Zeitdruck und Erschöpfung werden Ihnen unbedeutend und kleinlich erscheinen. Wie Sie sich auf Marokko einlassen und wie viel Sie vor Ort über das Land erfahren, kommt ganz darauf an, welche Art von Urlaub Sie wollen. Marokko eignet sich gut als Ziel für einen abwechslungsreichen und vielfältigen Urlaub mit kulturellen Führungen, einigen Tagen am Strand, einer Tour in die nächsten Städte und in die Natur. Sightseeing an historisch ehrwürdigen Orten, Besichtigungen von natürlichen Quellen, Wasserfällen und Bachtälern, alte Berberinnen, die am Straßenrand Brotlaibe verkaufen und Strohhüte mit kleinen farbigen Bommeln tragen. Ihnen begegnet die Vielfalt des Lebens.

Planen Sie also auch Zeit zum Verarbeiten ein und dokumentieren Sie, was Sie für sich selbst davon mitnehmen möchten. Hier eignet sich besonders gut ein Reisetagebuch. Möglicherweise begegnen Sie alten weisen Männern, die über das Leben und die Ernte philosophieren oder Frauen, die über das Kind in einem erwachsenen Mann sprechen.

Möglicherweise werden Sie von harter Arbeit gezeichnete, nach Koriander riechende und mit Henna bemalte Hände schütteln und von der Last der Ernteeinholung gekrümmte Menschen umarmen. Sie werden herzliche und lächelnde Gesichter mit müden Augen sehen und erfahren, wie Lebensweisheit und beschwerliche Erfahrungen manchmal auch eine fehlende Schulbildung wettmachen. Sie werden kleine lachende Kinder sehen, die um Sie herumtollen und den Wind jagen. Mit roten Pausbacken und fehlenden Zahnreihen lachende alte Frauen werden Sie fragen, woher Sie kommen und was Sie in diese Straßen führt.

Sie werden versuchen zu verstehen, was die Menschen Ihnen sagen wollen und manchmal auch nur ein entschuldigendes Schulterzucken parat haben. Sie werden mit Ihren Händen in einen gemusterten und geschmückten Topf voll getrockneter Rosen greifen und diese herunterrieseln lassen, getrocknetes Henna-Pulver riechen und kleine Safran-Fasern in Ihrer Hand bestaunen. Sie werden über die gelben Spuren des Safrans auf Ihrer Hand lachen und noch am Abend über diese prägende Erfahrung schmunzeln. Sie werden Menschen über die Schulter schauen, die Ihnen eine Kaktusfeige zum Kosten aufschneiden und sich darüber wundern, wie sie dies tun, ohne Stacheln in die Hände zu bekommen.

Danach werden Sie diese kosten und eine völlig neue Frucht für sich entdecken. Sie werden an einem Feigenbaum stehenbleiben und über die drallen dunklen Feigen staunen. Eine junge Frau wird mit einer selbst gefertigten Zange eine Feige vom Baum holen und diese Ihnen zum Kosten hinhalten. Sie werden erstaunt darüber sein, wie köstlich und so völlig anders diese sonnengereifte Feige schmeckt. Sie wollen ihr etwas geben, doch die Frau will nichts annehmen. Also entschließen Sie sich ihren Kindern beim Laden um die Ecke Raibi Jamila, den Granatapfeljoghurt zu kaufen. Die Kinder kratzen dankend an dem eisigen Joghurt herum.

Sie werden mit Taxifahrern sprechen, die Ihnen erzählen, dass sie schon mal in Paris waren und ihre Familien besucht haben. Sie werden vielleicht sagen, dass Sie Paris selbst noch nie gesehen haben und die Taxifahrer werden noch eine lange Zeit danach amüsiert darüber lachen, dass sie einen Ort in Europa eher kennengelernt und gesehen haben, als Sie, die in Europa leben. Sie werden sich fragen, weshalb der Taxifahrer sein Taxi so merkwürdig geschmückt hat. Aus dem Radio erklingen immer wieder unverständliche Laute und arabische Wortfetzen kommen hinten bei Ihnen an. Das Taxi riecht nach Vanille und Marlboro. Sie schauen aus dem Fenster und sehen die steppenähnliche Landschaft und beim Öffnen des Fensters riechen Sie Zitrusduft und mediterrane Kräuter.

Der Wind rauscht melodisch an Ihren Ohren vorbei. Das Meer wirkt trotz einiger Entfernung so nah. Einmal sehen Sie hinunter auf einen Strand, an dem Menschen wie kleine Ameisen herumtollen und Windsurfing machen wollen oder Volleyball spielen. Einige stellen sich geschickt an, andere wieder nicht. Bevor Sie in Tétouan sind, sehen Sie bereits einige Menschen am Straßenrand mit einem Tisch voller Kaktusfeigen und denken lächelnd an Ihre erste Verkostung zurück. Sie beschließen noch einige weitere Male Kaktusfeigen zu essen.

Ihnen wurde empfohlen nicht zu viele zu essen, da Sie sonst von den Kernen einen aufgeblähten

Bauch bekämen. Einige Kinder winken wild hin und her den Autos zu. Sie beschließen zurückzuwinken. Der Taxifahrer erzählt Ihnen, dass die Kinder immer sehr glücklich sind, wenn man ihnen einige Süßigkeiten zuwirft, am liebsten die aus Europa

Sie beschließen das nächste Mal eine Packung Bonbons zu besorgen. Sie sehen alte Frauen mit einem Heuballen auf dem Rücken und staunen über die Stärke dieser Frauen. Der Taxifahrer erzählt Ihnen, dass diese oft kilometerweit laufen, bis sie an ihrem Zielort ankommen. Ein junger Mann zieht einen Esel und einiges an Gepäck zu einer kleinen Wasserstelle und versorgt den Esel mit Wasser. Sie denken, was für ein heißer Tag zum Arbeiten und zum Laufen. In Gedanken schätzen Sie, dass Sie im Taxi sitzen und die Strecke nicht anderweitig zurücklegen müssen. Ganz spontan und aus einer Laune heraus fragen Sie den Taxifahrer, ob er mit Ihnen eine Mahlzeit essen möchte und Sie zur nächsten Stadt bringt.

Überrascht und erfreut willigt er ein. Sie bestellen Couscous und dazu Atay. Der Taxifahrer schaut Sie amüsiert darüber an, wie gut Sie mittlerweile die marokkanische   Küche   kennen.   Er   fragt   Sie schließlich, ob er noch für den Weg einige Kekse holen soll und Sie willigen ein und geben ihm ein wenig Geld für einige Gebäckstücke.

Wieder im Taxi beschließen Sie nicht mehr hinten, sondern vorne zu sitzen und reichen dem Taxifahrer ein Eclair und genehmigen sich selbst ein klassisches marokkanisches Plätzchen. Sie schmecken das Orangenblütenwasser und die fein gemahlenen Mandeln und den Sirup im Mund. Sie beschließen, das nächste Mal weitere Plätzchen zu probieren. Der Taxifahrer hupt kurz und flucht über einen Mann, der seinen Karren ein wenig mehr auf der Straße, als auf dem Gehsteig schiebt. Sie lachen über den kurzen Ausfall des Taxifahrers.

Hier und da erkennt der Taxifahrer Leute wieder und grüßt laut aus dem Taxi. Einmal hält er einfach mitten auf der Fahrbahn an und unterhält sich kurz mit einem Mann. Als die Autos hupen, winkt er nach hinten und fährt ganz in Ruhe weiter. Erneut staunen und lachen Sie über die entspannte Art des Taxifahrers. Er schenkt Ihnen ein überraschtes und amüsiertes Lächeln. Als Sie an der Medina ankommen, geben Sie dem Taxifahrer ein gutes Trinkgeld. Er bedankt sich gebührend in mehreren Sprachen und bringt Sie damit zum Lachen. Mit einem kurzen Hupen und einem Winken verabschiedet er Sie und Sie begeben sich in das Gewirr des Souks. Heute haben Sie sich vorgenommen, mindestens zwei der Tore genauer zu begutachten und mehr über die Geschichte zu erfahren.

Da Sie nun einigermaßen an das Treiben der Stadt gewöhnt sind, lenkt es Sie nicht mehr so stark ab wie es noch zu Beginn Ihrer Reise war. An der Bab Okla verbringen Sie die meiste Zeit. Sie kritzeln sich einige Informationen in Ihr Reisetagebuch und versuchen sich vorzustellen, wie damals alles ausgesehen haben muss. War es dasselbe geschäftige Treiben, wie Sie es nun hier vorfinden oder war es ein stiller ruhiger Ort, der nur bestimmten gesellschaftlichen Klassen vorbehalten war?

Sie müssen darüber lächeln, wie vereinzelt Touristen Fotos an schönen Ecken schießen. Sie scheinen sicherlich nicht die erste Person gewesen zu sein, die sich darüber Gedanken macht. Heute haben Sie sich vorgenommen, eine Djellaba zu kaufen. Sie wollen bei der Hitze auch keine Hosen tragen, die eng an den Beinen kleben. Also begeben Sie sich in den Souk und werden von der Vielfalt der Auswahl erschlagen. Sie feilschen mit dem Händler um die Wette. Eine kleine Menschentraube bildet sich um Sie herum. Die Leute sind fasziniert darüber, dass Sie genauso feilschen können wie ein Marokkaner.

Am Ende einigen Sie sich beide auf einen Preis in der Mitte und Sie stolzieren weiter. Nie hätten Sie gedacht, dass Sie so eine Freude an etwas Trivialem, wie an dem Feilschen eines Preises haben werden. Als ein Mann mit einem lebendigen Huhn in der Hand an Ihnen vorbeiläuft, werden Sie stutzig. Sie gehen in die Richtung, aus der der Mann gekommen ist und rümpfen etwas die Nase. Dort bietet ein Verkäufer Hühner im Käfig an. Sie eilen schnell weiter. Nicht alles muss Ihnen gefallen.

Eine alte Frau verkauft Nanaminze. Sie sitzt auf einem kleinen Hocker und ist umringt von den Nanasträuchern. Sie denken, man könnte meinen sie döst vor sich hin. Als ein Mann jedoch nach einem der Sträucher greift, sieht sie ihn mit wachsamen Augen an und erhält gleich darauf das geforderte Geld. Sie lernen aus dem Verhalten der Frau, dass es oft anders scheint, als es wirklich ist. An einem Stand mit verschiedenen Oliven lassen Sie sich einen Beutel mit Oliven füllen. Sie mögen am liebsten die grünen saftigen Oliven mit ein wenig Oregano. Sie freuen sich auf Ihren Termin am Abend im Hotel. Auf Sie wartet eine Massage und eine beliebte Heilmethode in Marokko: das Schröpfen. Nachdem Sie ein paar kleine Souvenirs für Zuhause ergattert haben, setzen Sie sich in ein Café und beobachten das Treiben. Heute spielen Real Madrid und FC Barcelona.

Die Leute im Café diskutieren hitzig darüber, welche Mannschaft gewinnen wird. Von Jubelrufen über wütende Zwischenrufe bis hin zu einer gebannten Stille ist alles dabei. Sie schauen sich das Fußballspiel nicht wirklich an. Gebannt und fasziniert sind Sie eher vom Treiben und der Dynamik der Leute. Menschen in unterschiedlichsten Altersklassen sitzen zusammen und schauen gebannt auf den Fernseher. So trinken Sie der Reihe nach ein Glas Tee nach dem nächsten bis Sie merken, dass Sie nun die Toilette aufsuchen müssen.

Als Sie schließlich das Café verlassen, beginnt es schon zu dämmern. Auf dem Rückweg zum Hotel sehen Sie ein kleines Mädchen, das eine Ziege hinter sich herzieht und wundern sich kurz. Aber Sie denken wieder daran, dass in dieser Stadt alles möglich ist. Im Hotel angekommen bereuen Sie die gebuchte

Massage und das Schröpfen keine Sekunde lang. So lassen Sie den Tag ausklingen und erholen sich vom Stress des letzten Jahres. Der Duft des Arganöls und das Gefühl der entspannten Muskeln begleitet Sie auch später noch, als Sie ruhig und entspannt einschlafen.

Hat Ihnen diese Gedankenreise gefallen? So könnte ein Tag Ihrer Marokko-Reise aussehen. Wie Sie sicher gemerkt haben, obliegt es ganz Ihnen, welche Erfahrungen Sie machen werden und welche Erfahrungen einen auch auf Ideen bringen, die vorher gar keine Option gewesen sind. Möglicherweise lernen Sie Seiten an sich kennen, die Sie vorher nicht kannten. Ob Sie nun mit einer Gruppe, Ihrer Familie, zu zweit oder auch allein unterwegs sind, Sie werden in der Dynamik mit anderen Menschen unterschiedliche Erfahrungen machen. Denn in einer Gesellschaft, die viel auf die Gemeinschaft und das Zusammenwirken gibt, ist es immer wieder erstaunlich und schön zugleich, welche Geheimnisse sich für einen Reisenden offenbaren.

Ich wünsche Ihnen viel Spaß bei Ihrer Reise.

Packliste

Geld & Finanzen

O (evtl.) Auslandswährung
O Bargeld
O Bauchtasche
O Brustbeutel
O Bauchtasche
O EC-Karte
O Kreditkarte
O Notfall-Telefonnummern der Banken
O Portmonee

Hygiene

O Haarbürste / Kamm
O Deo (klein)
O Shampoo
O Kulturtasche
O Sonnencreme
O Taschentücher

O Reise-Zahnbürste und Zahnpasta
O Verhütungsmittel

Kleidung

O Badeklamotten
O Gürtel
O Hosen kurz / lang
O Mütze / Cap / Hut
O Pullover
O Regenjacke
O Schlafanzug
O Socken
O Sonnenbrille
O Sportklamotten / Jogginghose
O T-Shirts
O Unterwäsche

Medikamente

O Blasenpflaster
O Anti-Durchfalltabletten
O Erste-Hilfe-Set

O Fiebertabletten
O Fiebertabletten
O Mückenschutz
O sonstige Medikamente
O Pflaster
O Kopfschmerztabletten

Unterlagen & Papiere

O ADAC Unterlagen
O Adresslisten für Postkarten
O Krankversicherungsnachweis
O Stadtplan
O Führerschein
O Unterlagen für die Unterkunft
O Wasserdichte Hülle für Reiseunterlagen
O Impfausweis
O Mietwagenunterlagen
O Personalausweis
O Reisepass
O Reisetagebuch
O evtl. Studentenausweis

O evtl. Visum
O Zug- / Bahn- / Flugticket

Taschen & Rucksäcke

O Koffer / Trolley / Reisetasche
O Regenhülle für Rucksack
O Rucksack

Schuhe

O Badeschlappen / Hausschuhe
O Schuhe und Wechselschuhe

Sonstiges

O Brille / Kontaktlinsen und Etui
O Buch zum Lesen
O Ohrenstöpsel und Schlafmaske
O Regenschirm
O Reisedecke
O Wasserflasche
O Wörterbuch

Elektronik

O Digitalkamera
O Handy
O Ladekabel
O Kopfhörer
O evtl. Steckdosenadapter
O Power-Bank

Herstellung und Verlag:
BoD – Books on Demand, Norderstedt
ISBN: 9783750460133

1. Auflage
Kontakt: Psiana eCom UG/ Berumer Str. 44/ 26844 Jemgum
Covergestaltung: Fenna Larsson
Coverfoto: depositphotos.com